高校入試
近道問題 18 地理

この本の特色

① コンパクトな問題集

　入試対策として必要な単元・項目を短期間で学習できるよう，コンパクトにまとめた問題集です。直前対策としてばかりではなく，自分の弱点を見つけ出す診断材料としても活用できるようになっています。

② 当社オリジナル作成の1問1答を直前対策に

　1問1答のページは，各単元の中でも特に重要な用語などについての問題が収録されています。入試直前の仕上げに効果的です。また，**問題文中の太字で大きく表した用語なども関連づけて覚えておくと効果は倍増**するでしょう。

③ 豊富なデータに基づく4択問題・実戦問題

　英俊社の「高校別入試対策シリーズ」をはじめとする豊富な入試問題を分析し，「よく出る」問題を厳選しています。実際の入試問題に慣れることで入試本番での得点アップにつなげてください。

この本の内容

1	地図・地形図 ……… JN051628	2
2	気候・暮らし・……	8
3	産業・貿易 ………………………………	12
4	アジア・オセアニア …………………	16
5	ヨーロッパ・アフリカ ………………	20
6	南北アメリカ …………………………	24
7	九州・中国・四国地方 ………………	28
8	近畿・中部地方 ………………………	32
9	関東・東北・北海道地方 ……………	36
	解答・解説 ……………………………	別冊

1 地図・地形図

▶▶▶▶ 1問1答 ◀◀◀◀　次の [＿＿＿] に適当な語句を書きなさい。

(1) 地図の中心点からの距離と方位が正しく，**航空図**などに利用される地図の図法を何というか。

(2) 経線と緯線が直角に交わっていて，角度が正しく，**航海図**などに利用される地図の図法を何というか。

(3) **モルワイデ図法**やグード図法は分布図などに適しているが，それは何が正しく描かれているからか。

(4) イギリスの旧グリニッジ天文台を通り，世界時の基準となる**経度0度**の経線を何というか。

(5) 時差1時間につき何度の経度差があるか。

(6) 地球を北半球と南半球にわける境界線でもある，**緯度0度**の緯線を何というか。

(7) 北極や南極に近い**高緯度地方**において，日没から日の出までの間，夜空が暗くならず薄明るいことを何というか。

(8) 地球上の表面の実際の距離を，地図上に縮小して示す距離との比を何というか。

(9) 地表の起伏の同じ高さの点を連ねた線を何というか。

(10) (9)の線で，2万5千分の1地形図においては10mごとに主曲線が引かれているが，**50mごと**に引かれているものは何というか。

(11) ⚓ は，何をあらわす地図記号か。

(12) 血 は，何をあらわす地図記号か。

(13) 血 は，何をあらわす地図記号か。

(14) 火山の噴火や地震による被害の範囲などを予測した**災害予想地図**を何というか。

(15) 国土の測量や地図の作成，また，これに関連する事業を行っている**国土交通省**に属する役所を何というか。

▶▶▶▶　**4択問題** ◀◀◀◀

(1)　正距方位図法は，どのような目的で利用するのが適切か。次のア～エから1
つ選びなさい。（　　　）　　　　　　　　　　　　　　　（精華女高[改題]）

ア　航海図　　イ　人口分布図　　ウ　土地利用図　　エ　航空図

(2)　次の文中の（　　）にあてはまる語句を，後のア～エから1つ選びなさい。

（　　　）（京都光華高）

海外旅行の広告を見ていると「ニューヨーク4泊6日」など「普通なら4泊
5日か5泊6日なのに…。」と思うような文章を見たことはないだろうか。

これは時差が関係している。そもそも時差は（　　）によって起こる。世界
各国では，それぞれ基準とする経線があり，その真南に太陽が位置するときを
正午と定めている。この経度の違いが時差となるのだ。

ア　地球が公転すること　　　イ　地球が完全な球体ではないこと

ウ　地軸が23.4度傾いていること　　エ　地球が自転すること

(3)　次の文章の（Ⅰ），（Ⅱ）に入る組み合わせとして正しいものを，後のア
～エから1つ選びなさい。（　　　）　　　　　　　（大阪体育大浪商高[改題]）

東経135°を標準時子午線とする東京を2月10日の11時に出発した飛行機
が，ロンドンの空港に同じ日の14時55分に到着した時，飛行時間を考えるこ
とにする。東京を出発した時間は，ロンドンでは（Ⅰ）になる。つまり，そ
の時間から14時55分までの時間が飛行時間となるので，飛行時間は（Ⅱ）
となる（※時間は24時間表記。）

ア　Ⅰ―2月9日2時　　Ⅱ―36時間55分

イ　Ⅰ―2月9日14時　　Ⅱ―18時間55分

ウ　Ⅰ―2月10日2時　　Ⅱ―12時間55分

エ　Ⅰ―2月10日14時　　Ⅱ―6時間55分

(4)　2万5千分の1地形図中のA，B二地点間の長さが9cmの場合，実際の距
離にすると何mになるか。次のア～エから1つ選びなさい。（　　　）

（博多女高[改題]）

ア　1250m　　イ　1500m　　ウ　1750m　　エ　2250m

(5)　次の地図記号とその意味の組み合わせとして誤っているものを，次のア～エ
から1つ選びなさい。（　　　）　　　　　　　　　　　　　　（大阪高）

ア　小中学校…⊗　　イ　果樹園…ŏ　　ウ　工場…✿　　エ　発電所…⊡

▶▶▶▶ **実戦問題** ◀◀◀◀

1 次の略地図は，緯線と経線が直角に交わったもので，緯線と経線は，それぞれ
15度の間隔で描かれています。これを見て，後の問いに答えなさい。(岩手県)

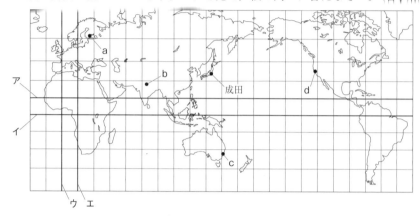

(1) 略地図中の太線（——）で示したア～エのうち，赤道はどれですか。1つ
選び，その記号を書きなさい。（　　　）

(2) 略地図中のa～dは，成田国際空港からの直行便で結ばれている都市であ
り，飛行時間はほぼ同じです。次の資料は，ひろしさんが海外旅行に行った
ときに，旅行会社から受け取ったスケジュール表の一部で，ひろしさんのメ
モが書き入れられています。略地図中のa～dのうち，ひろしさんが訪れた
都市はどこですか。1つ選び，その記号を書きなさい。（　　　）

資料

スケジュール	
1日目	日本時間 1月4日　　　現地時間 1月4日 成田空港 午後5時発→ → （直行便）→ 目的地 午前10時着 　　　　　　10時間のフライト　　　‖ 　　　　　　　　　日本時間 1月5日 午前3時 午後：フリー ショッピング
2日目	終日：フリー 散策

2　次の地図Ⅰ・Ⅱを見て，後の各問いに答えなさい。　　　（阪南大学高）

地図Ⅰ　　　　　　　　　　　　　　　　　　地図Ⅱ

(1)　地図Ⅰは，モルワイデ図法の地図です。この地図の特徴として正しいもの
　　を，次のア〜ウより1つ選び，記号で答えなさい。（　　　）

　　ア　緯線と経線が直角に交わる図法で，海図などに利用されます。

　　イ　北極と南極を点であらわして，面積が正しい図法です。

　　ウ　中心点から各地への距離と方位が正しい図法です。

(2)　地図Ⅱは，正距方位図法の地図です。この地図中の中心であるaの地点か
　　らみた，bの方位は何ですか。次のア〜エより1つ選び，記号で答えなさい。

　　　　　　　　　　　　　　　　　　　　　　　　　　　　　　（　　　）

　　ア　北北西　　　イ　北北東　　　ウ　南南西　　　エ　南南東

3　後に示す地図を見て，次の問いに答えなさい。　　　（近畿大泉州高）

(1)　後の地図から読み取れる事として正しい文をア〜エより選び，記号で答え
　　なさい。（　　　）

　　ア　伏見駅の北に面した通りを東に向かうと北側に郵便局があり，その東北
　　　　東には裁判所がある。

　　イ　墨染駅の南南東には，工場がある。

　　ウ　森林総合研究所は，博物館の地図記号で表されている。

　　エ　墨染駅の南に面した通りを西に向かうと，老人ホームがある。

(2)　藤森駅から西に向かい，国道24号線に面した所にある地図記号￥は，何
　　を表しているのか，漢字で答えなさい。（　　　　　　）

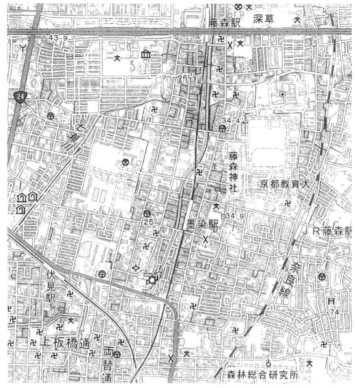

（編集部注：原図を縮小しています。）

4 後の地図は，こうへいさんが夏休みに訪れた熊本県水俣市の地図である。この地図を見て，次の各問いに答えなさい。 （東海大付福岡高[改題]）

(1) 地図中の記号「卍」は何を表しているか答えなさい。（　　　　　）

(2) 地図の読み取りとして，次のア～エのうち，誤ったものを1つ選び記号で答えなさい。（　　　）

ア　地図中央部を見ると，老人ホームの北西に温泉が存在する

イ　国立水俣病研究センターの北東部には果樹園が，南東部には針葉樹林が広がっている

ウ　国立水俣病研究センターの南部の三角点と和田岬の標高点の標高の差は145m である

エ　湯の児橋の長さは200m 未満である

(3) Ａ地点とＢ地点，傾斜が緩やかなのはどちらか記号で答えなさい。

（　　　）

(4) 地図のように，海水が入り込んで形成された複雑な海岸線を何というか答えなさい。（　　　　　）

(5) 熊本県に隣接する宮崎県では，キュウリやピーマンなどをビニールハウスで生産する農業が盛んである。このように温暖な地域においてビニールハウスで生産し，出荷時期を早める方法を何というか。漢字４字で答えなさい。

（　　　　　）

(6) 水俣病は日本の四大公害病の１つに数えられている。次のア～エのうち，四大公害病が発生した都道府県として誤っているものを１つ選び記号で答えなさい。（　　　）

ア　新潟県　　イ　三重県　　ウ　滋賀県　　エ　富山県

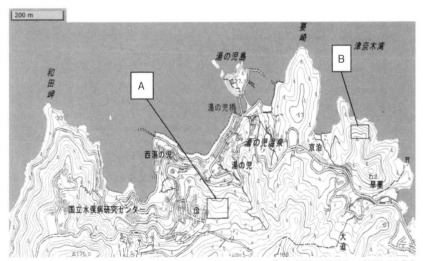

「国土地理院２万５千分の１地図」より作成
（編集部注：原図を縮小しています。）

2 気候・暮らし・人口　近道問題

▶▶▶▶ 1問1答 ◀◀◀◀　次の [　　　] に適当な語句を書きなさい。

(1)　1年中ほぼ同じ方向に吹く風は恒常風とよばれるが，そのうち，中緯度地域に吹く西よりの風を何というか。

(2)　1年中高温で雨が多く，**スコール**とよばれるはげしい雨が降り，樹木の生育がさかんな気候を何というか。

(3)　温帯気候の中で，冬は温暖で雨が降るものの，夏に乾燥し，**オリーブ**やぶどうなどの果樹栽培に適した気候を何というか。

(4)　上着と巻きスカートからなり，**朝鮮半島**で着用されている女性用の民族衣装を何というか。

(5)　世界の三大宗教といわれるもののうち，**仏教・キリスト教**とあと1つは何か。

(6)　2015年に急激に少子高齢化がすすんだことなどを理由に廃止された，中国で採用されていた**人口抑制策**を何というか。

(7)　初夏のころ，東北地方の太平洋側に吹いて稲作などに冷害をもたらす，**冷たく湿った北東風**を何というか。

(8)　日本海側の気候の特徴の1つは，**冬の降雪量が多い**ことであるが，この雪を降らせる原因となる季節風はどの方角から吹くか。

(9)　**木曽川・長良川・揖斐川**の下流地域は低湿であるため，昔から集落・水田を守るために，高い堤防で村を囲んできた。このような土地を何というか。

(10)　降水量の少ない**瀬戸内海沿岸の地域**では，ある工夫によって農業用水を得てきた。この地域に多いかんがい施設とは何か。

(11)　春から夏，特に日本海側において乾燥した高温の風が山地から吹きおろしてくる現象を何というか。

(12)　農村や山間部には，都市への人口流出が顕著で，**地域サービスの維持が困難**な地域もある。このような地域を何というか。

▶▶▶▶ **4択問題** ◀◀◀◀

(1) 次の気候区のうち，ユーラシア大陸北部や北アメリカ大陸北部に広くみられる気候区で，南半球には存在しない気候区を，次の**ア**～**エ**から1つ選びなさい。

（　　　）（関大第一高）

　ア　熱帯気候　　**イ**　乾燥帯気候　　**ウ**　亜寒帯気候　　**エ**　寒帯気候

(2) 東南アジアでみられる伝統的な住居について述べた文として正しいものを，次の**ア**～**エ**から1つ選びなさい。（　　　）　　　　（岩手県[改題]）

　ア　針葉樹の豊富な木材を利用した，丸太づくりの住居。

　イ　羊毛のフェルトを利用した，遊牧民の移動式の住居。

　ウ　風通しがよく，湿気や暑さをやわらげる高床式の住居。

　エ　泥を乾燥させてかためた，日干しれんがを積み上げた住居。

(3) ブラジルにおける人口と，最も多くの人に使用されている言語の組み合わせとして正しいものを，次の**ア**～**エ**から1つ選びなさい。（　　　）（京都成章高）

	ア	イ	ウ	エ
人口	2億766万人	2億766万人	6706万人	6706万人
言語	ポルトガル語	フランス語	ポルトガル語	フランス語

人口の統計は2017年　　　　　　　　　　　　　　『地理統計』より作成

(4) 日本の人口について述べた次の文の（　a　），（　b　）にあてはまる語句の組み合わせとして最も適切なものを，後の**ア**～**エ**から1つ選びなさい。（　　　）

（佐賀県）

　　東京・大阪・（　a　）の三大都市圏では，人口が集中しており，住宅不足や交通渋滞などが問題になっている。一方，農村や山村，離島では若い人の都市部への人口流出が進み，高齢者の割合が高くなって人々の生活を支えることが困難となる（　b　）が問題となっている。

　ア　a―仙台　　b―過密　　**イ**　a―仙台　　　b―過疎

　ウ　a―名古屋　b―過密　　**エ**　a―名古屋　b―過疎

(5) 東北地方では，各地に受け継がれる伝統行事が多くみられるが，秋田市で開催される伝統行事を，次の**ア**～**エ**から1つ選びなさい。（　　　）（清風高）

　ア　竿燈まつり　　**イ**　祇園祭　　**ウ**　博多どんたく　　**エ**　阿波おどり

▶▶▶▶ **実戦問題** ◀◀◀◀

1 後の(1)～(7)にあてはまる国を, 地図中の A ～ G から 1 つずつ選び, 答えなさい。

(1)(   )　(2)(   )　(3)(   )　(4)(   )　(5)(   )

(6)(   )　(7)(   )

(初芝橋本高)

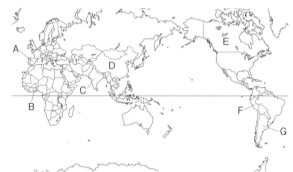

(1)　この国の北部には, イヌイットと呼ばれる人々が生活している。政府は1950 年代からイヌイットの定住化を進め, イヌイットが居住する町を造った。

(2)　地中海沿岸では, 夏は高温で乾燥し, 冬は温暖で雨が多いため, 地中海式農業が行われてきた。以前からオリーブや小麦を栽培していたが, 現在はかんがい施設が整備され, オレンジなども栽培されている。

(3)　アンデス山脈中央部にあるこの国は, 標高 4000m 付近に住居がある。住居の周りは寒くて作物が育たないので, リャマやアルパカといった家畜を放牧している。

(4)　この国は世界有数のカカオの産地である。日本でチョコレートなどに加工されるカカオも, 大半がこの国から輸入されている。

(5)　この国では 80 ％以上の人々がヒンドゥー教を信仰しており, 社会や暮らしに大きな影響をあたえている。ヒンドゥー教を信仰している人は牛肉を食べない。

(6)　1970 年代末まで, この国の農業や工業の生産は政府の計画に沿って行われていたが, なかなかうまくいかなかった。そこで政府は, 1980 年代から外国企業を受け入れる経済特区を設けた。

(7)　この国の中央部の広大な草地を意味するパンパでは, 牧畜のほか, 小麦などの栽培も行われている。

2 次の文を読み，以下の問いに答えなさい。 (京都西山高)

　日本の気候は(a)世界の5つの気候帯に当てはめると，本州・九州・四国がおもに温帯，(b)北海道が亜寒帯（冷帯）に属し，四季の変化がはっきりしていることが特徴である。さらに，日本の気候は気温・降水量をもとにすると6つの気候区にわけることができる。

(1) 下線部(a)について，次の写真にある景色が見られる気候帯として最も適切なものをそれぞれ答えなさい。あ（　　　　　） い（　　　　　）

あ い

(2) 北海道と同じ気候帯に属している国を次から選び，ア～エの記号で答えなさい。（　　　）

　ア　イタリア　　イ　カナダ　　ウ　シンガポール　　エ　タイ

(3) 下線部(b)について，次の問いに答えなさい。

　① 北海道のオホーツク海沿岸で冬に見られ，名物として観光の対象となっているものは何か答えなさい。（　　　　　）

　② 次の説明文のうち，誤っているものを選び，ア～エの記号で答えなさい。
（　　　）

　　ア　冬の寒さが厳しく梅雨がある。

　　イ　真冬日（最高気温が0℃を超えない日）が年間30日以上ある。

　　ウ　太平洋に面している地域は濃霧が多い。

　　エ　桜の開花と田植えの時期が同じである。

3 次の問いに答えなさい。 (橿原学院高)

(1) アジア州の人口は世界の約何割をしめているか。次より選び，記号で答えなさい。（　　　）

　ア　約4割　　イ　約5割　　ウ　約6割　　エ　約7割

(2) ロシアの国土の中央部に広がる針葉樹林をカタカナで何というか。次より選び，記号で答えなさい。（　　　）

　ア　ステップ　　イ　サバナ　　ウ　モンスーン　　エ　タイガ

3 産業・貿易

▶▶▶▶ 1問1答 ◀◀◀◀ 次の 　　　 に適当な語句を書きなさい。

(1) アフリカや東南アジアなどの熱帯地方で，現地の人々を雇って経営をすすめた**欧米資本による大農園**を何というか。　　　　　　　　

(2) コートジボワールやガーナなどで大量に生産される農作物で，**チョコレー**トなどの原料になるものは何か。　　　　　　　　

(3) **特定の農産物や鉱産資源**に輸出がかたよっているため，天災で不作になったときや世界経済が落ち込んだときなどには大きな影響を受けやすい経済状況を何というか。　　　　　　　　

(4) サンフランシスコ近郊のサンノゼ付近には**電子工業**の関連会社が集中しているが，この地域を何というか。　　　　　　　　

(5) 西アジアの**ペルシャ湾**岸などで採掘され，燃料や工業原料として広く用いられている鉱産資源は何か。　　　　　　　　

(6) 東京湾から瀬戸内海・福岡県にかけての工業がさかんな沿岸一帯を何というか。　　　　　　　　

(7) 現在の日本の産業の中心を占める商業やサービス業が含まれるのは，**第1次産業・第2次産業・第3次産業**のどれか。　　　　　　　　

(8) 日本における総事業所数のほとんどを占め，総出荷額の約半分をになっているのはどのような規模の工場か。　　　　　　　　

(9) 「**育てる漁業**」のうち，海に稚魚を放し，成魚になってからとる漁業のことを何というか。　　　　　　　　

(10) 情報のやり取りや商取引などに使われる，世界中に張りめぐらされたコンピュータのネットワークを何というか。　　　　　　　　

(11) 自動車などの製造業が**生産の場を海外に移す**ことによって，国内の産業が衰えていくことを何というか。　　　　　　　　

(12) 日本などにおいて発達した，原料となる資源を輸入して加工し，工業製品を輸出する貿易形態を何というか。

▶▶▶▶　4択問題　◀◀◀◀

(1)　次の文中の（　　）に入る言葉は何か。後のア～エから1つ選びなさい。

（　　）（京都明徳高）

　　マレーシアやインドネシアでは，天然ゴムや油やし，コーヒーやバナナなどの作物が（　　）で栽培され，有力な輸出品となっている。

　ア　コンビナート　　イ　シリコンバレー
　ウ　パイプライン　　エ　プランテーション

(2)　インターネットや携帯電話の普及に関する記述として適切なものを，次のア～エから1つ選びなさい。（　　）　　　　　　　　　　（京都精華学園高）

　ア　先進国ほど，インターネットの利用者率や携帯電話の加入者率は高くなっている。

　イ　国土面積の小さい国ほど，携帯電話の加入者率が高くなる傾向がある。

　ウ　北欧では国土に森林や荒れ地が多いため，インターネット回線が設置できず，インターネットの利用者率は低くなっている。

　エ　アフリカなどの発展途上国で，携帯電話加入者率が80％を超えている国はない。

(3)　第3次産業に分類される産業として誤っている業種を，次のア～エから1つ選びなさい。（　　）　　　　　　　　　　　　　　　　（花園高）

　ア　電気・ガス・水道業　　イ　運輸業　　ウ　郵便業　　エ　建設業

(4)　抑制栽培がさかんで，レタスの生産量が日本一の県名を，次のア～エから1つ選びなさい。（　　）　　　　　　　　　　　　　（同志社国際高）

　ア　宮崎県　　イ　高知県　　ウ　群馬県　　エ　長野県

(5)　太平洋ベルトには，ある工業製品を生産する工場のほとんどが集中している。ある工業製品とは何か。次のア～エから1つ選びなさい。（　　）（博多女高）

　ア　紙・パルプ　　イ　食品　　ウ　鉄鋼　　エ　IC（集積回路）

(6)　1960年に産油国の利益を守り，石油価格の安定をはかるために結成された組織を，次のア～エから1つ選びなさい。（　　）　　　　　　（大谷高）

　ア　OPEC　　イ　WTO　　ウ　ASEAN　　エ　NAFTA

(7)　フィリピンからわが国が多く輸入している品目を，次のア～エから1つ選びなさい。（　　）　　　　　　　　　　　　　　　（京都光華高［改題］）

　ア　ぶどう　　イ　バナナ　　ウ　コーヒー豆　　エ　オレンジ

▶▶▶▶ **実戦問題** ◀◀◀◀

1 太郎さんと花子さんは，近所のスーパーマーケットで見た「フードマイレージ」の広告に関心を持ち，農林水産物の輸入や生産について，疑問に思ったことや興味を持ったことについて調べ，まとめる学習を行った。次の問いに答えなさい。 　　　　　　　　　　　　　　　　　　　　　　　　　　　　　　　　（大分県）

(1) 太郎さんは，日本でどのような品目の輸入が増えているのかを調べるために，食料自給率に着目した。資料1は，日本の米，小麦，果実，肉類の自給率の推移を示したものである。資料1中で，小麦の自給率として最も適当なものを，ア～エから1つ選び，記号を書きなさい。（　　　　）

資料1

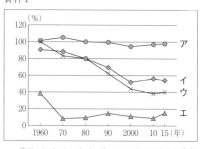

（「データブック　オブ・ザ・ワールド 2019」より作成）

(2) 太郎さんは，日本の主な輸入相手国であるブラジルについて調べる中で，近年，農業生産や貿易の状況が変化し，その結果，新たな課題が発生していることを知った。資料2は，その状況を示したものである。資料2中の（　A　）～（　C　）に当てはまる語句の組み合わせとして最も適当なものを，後のア～エから1つ選び，記号を書きなさい。（　　　　）

資料2

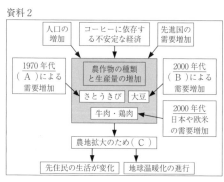

	A	B	C
ア	中国の発展	石油危機	沿岸部を埋立て
イ	中国の発展	石油危機	熱帯林を開発
ウ	石油危機	中国の発展	沿岸部を埋立て
エ	石油危機	中国の発展	熱帯林を開発

(3) 花子さんは，国内の農産物生産の状況に興味を持った。資料3は，花子さんが作成したレポートである。後の問いに答えなさい。

資料3

日本の食料自給率は低下していますが，農家では，農産物の生産性の向上に向けて，さまざまな取り組みが行われています。

右の〔図〕は，東京都中央卸売市場における，ピーマンの月別都道府県別出荷量（2018年）です。冬季でも収穫が可能となるよう，ビニールハウスを利用して栽培を行っている地域のおかげで，年間を通して食料の供給が可能となっていることが分かります。

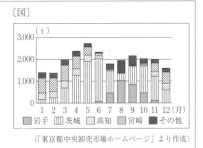

（「東京都中央卸売市場ホームページ」より作成）

① 資料3中の〔図〕の1月における出荷量上位2県で主に行われている，冬季に収穫を可能とした栽培方法を何というか。漢字4字で書きなさい。

（　　　　　　）

② 花子さんは，年間を通して最もピーマンの出荷が多い茨城県が，どのような気候的特徴を持っているのか調べた。北海道，茨城県，富山県，香川県の気候の特徴をまとめた次の文のうち，茨城県について述べた文として最も適当なものを，ア～エから1つ選び，記号を書きなさい。（　　　　）

ア　海からの水蒸気が山地で雨や雪として降るため，年間を通して降水量が少ない。

イ　湿気を含んだ冷たい季節風の影響を受けるため，冬に雨や雪の日が多くなる。

ウ　冬は乾燥し，からっ風と呼ばれる冷たい北西風が吹いて晴天の日が続く。

エ　夏が短く冬が長い気候帯に属しており，気温と湿度が低く，梅雨がない。

4 アジア・オセアニア 近道問題

▶▶▶▶ 1問1答 ◀◀◀◀　次の□□□に適当な語句を書きなさい。

(1) 氷河や万年雪もみられる**ヒマラヤ山脈**では8000mをこえる山々が連なっているが，その中に含まれる世界最高峰を何というか。

(2) 三大洋と呼ばれる海洋のうち，アジア州が面しているのは**インド洋**と何という海か。

(3) 長江流域は稲作がさかんであるが，**黄河流域**でさかんに生産される主な農作物は何か。

(4) 中国では，**シェンチェン**など外国の企業が進出することができる地区が1979年以降に設定されたが，これを何というか。

(5) アジア州の国のうち，人口が10億人を超えているのは，中国とどこの国か。

(6) 東南アジアに位置する国のうち，**アジアNIES**に含まれている国はどこか。

(7) 東南アジアの経済界で活躍している中国系の人々のうち，その国の国籍を取得し，その国に定住している人々を何というか。

(8) 東南アジアの10カ国が加盟している，**ASEAN**の正式名称を何というか。

(9) インドの総人口のうち，約80％の人々が信仰しており，牛を神聖視している宗教を何というか。

(10) 7世紀にムハンマドが開いたイスラム教の聖地である**メッカ**などが位置している国はどこか。

(11) 1970年代までオーストラリアで採用されていた，特に**アジアからの移民を制限する**ことで白人中心の国づくりを実現させようとした政策（考え方）を何というか。

(12) オーストラリア大陸と周辺の島々，ニュージーランドを含む太平洋上の島々をまとめた地域を何州というか。

▶▶▶▶　**4択問題**　◀◀◀◀

(1)　中国の農業について述べた次の文章の（　　）に適する語句の組み合わせとして正しいものを，後のア～エから1つ選びなさい。（　　）

（福岡大附若葉高[改題]）

　　ホワイ川とチンリン山脈を結んだ線は，年降水量（　a　）mmの線と一致し，ここを境として北部では（　b　）の生産がさかんに行われています。

　　ア　a—500　　　b—米　　　イ　a—500　　　b—小麦
　　ウ　a—1000　　b—米　　　エ　a—1000　　b—小麦

(2)　中国は南シナ海において，領有をベトナム，フィリピンなどと争い，人工島を建設している場所がある。その場所の適当な島名を，次のア～エから1つ選びなさい。（　　）　　　　　　　　　　　　　　（京都西山高）

　　ア　沖ノ鳥島　　イ　尖閣諸島　　ウ　南沙群島　　エ　歯舞群島

(3)　1960年代～1970年代にかけてアメリカと戦争していた東南アジアの国はどこか。次のア～エから1つ選びなさい。（　　　）　　　（大阪薫英女高）

　　ア　フィリピン　　イ　インドネシア　　ウ　ベトナム　　エ　マレーシア

(4)　東南アジア諸国連合をあらわしているものはどれか。次のア～エから1つ選びなさい。（　　）　　　　　　　　　　　　　　　（京都明徳高）

　　ア　ASEAN　　イ　APEC　　ウ　NAFTA　　エ　OPEC

(5)　イスラム教を信じる人々が口にしない食べ物を，次のア～エから1つ選びなさい。（　　）　　　　　　　　　　　　　　　（大阪信愛学院高）

　　ア　羊肉　　イ　豚肉　　ウ　牛肉　　エ　鶏肉

(6)　パキスタンやインドが属するアジアの地域を，次のア～エから1つ選びなさい。（　　）　　　　　　　　　　　　　（ノートルダム女学院高[改題]）

　　ア　東アジア　　イ　西アジア　　ウ　南アジア　　エ　中央アジア

(7)　オーストラリアはどの国の植民地だったか。次のア～エから1つ選びなさい。

（　　　）（東大谷高）

　　ア　オランダ　　イ　アメリカ　　ウ　イギリス　　エ　ドイツ

(8)　次のうち，オーストラリアの先住民にあたるものはどれか。次のア～エから1つ選びなさい。（　　）　　　　　　　　　　　　　（岩手県）

　　ア　マオリ　　イ　アボリジニ　　ウ　イヌイット　　エ　ヒスパニック

▶▶▶▶ **実戦問題** ◀◀◀◀

1 次の地図を見て，後の問いに答えなさい。なお，統計は『データブック　オブ・ザ・ワールド　2019年版』（二宮書店）による。　　　　　　（京都ル高）

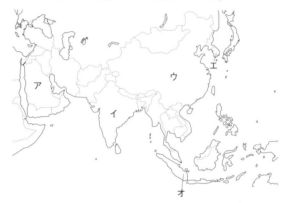

(1) 図中の**ア**～**オ**のそれぞれの国について述べた文として正しいものを，次の①～⑤から1つ選び，番号で答えなさい。（　　　）

① **ア**国の北部には砂漠が分布しているが，南部は熱帯であるため，熱帯雨林が広がっている。国民のほとんどが信仰する宗教の聖地があり，各地からの巡礼者が集まってくる。

② **イ**国の北部には，隣国と領有を争っている地域がある。また，国民の約8割が信仰する宗教の信者は，豚を神聖な動物とみなしているため，豚肉を食べない。

③ **ウ**国において，西部より降水量の多い東部では，農業がさかんに行われている。その東部において，南部より降水量の多い北部では，小麦や大豆の生産の他，稲の二期作も行われている。

④ **エ**国の南部には，日本の三陸海岸と同様の海岸地形がみられる。また，もともと冬の保存食であった，野菜の漬物が食べられている。

⑤ **オ**国では，火山の噴火や地震が繰り返し起こっている。特に国の西部で発生した大地震にともなう高潮により大きな被害を受け，多数の死者を出した。

(2) 図中の**ア**～**オ**のうち，人口（2018年）が最も少ない国を1つ選び，記号で答えなさい。（　　　）

(3) 次の①～⑤は，図中のア～オの国について，それぞれ輸出額の多い上位5品目と金額による割合を示している（2017年）。①と②に該当するものを，ア～オから1つずつ選び，記号で答えなさい。①（　　　）②（　　　）

①	%
パーム油	11.0
石炭	10.6
機械類	8.6
天然ガス	5.2
衣類	4.9

②	%
機械類	40.8
自動車	10.7
船舶	7.1
石油製品	5.8
精密機械	4.9

③	%
石油製品	11.1
機械類	9.3
ダイヤモンド	8.3
衣類	6.0
繊維と織物	5.8

④	%
原油	65.6
石油製品	11.4
プラスチック	6.5
化学薬品	4.1
機械類	1.3

⑤	%
機械類	43.4
衣類	7.0
繊維と織物	4.8
金属製品	3.8
自動車	3.3

2 オセアニア州に関する次の問いに答えなさい。　　　　　（富山県）

(1) 地図中の×は，資料のⅠの鉱産資源の分布を示し，●はⅡの鉱産資源の分布を示している。ⅠとⅡの鉱産資源名をそれぞれ書きなさい。

　　Ⅰ（　　　　　）Ⅱ（　　　　　）

地図　オーストラリアの主な鉱産資源産出地

資料　日本の主な鉱産資源の輸入先

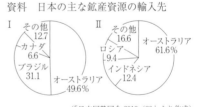

Ⅰ　その他 12.7／カナダ 6.6／ブラジル 31.1／オーストラリア 49.6%

Ⅱ　その他 16.6／ロシア 9.4／インドネシア 12.4／オーストラリア 61.6%

（「日本国勢図会2019／20」より作成）

(2) ニュージーランドに関する説明として，最も適切なものを次のア～エから1つ選び，記号を書きなさい。（　　　）

ア　南北に細長い国で，南の方が暖かく，北の方が寒い。

イ　南半球にある国で，首都のウェリントンは地球上では東京のほぼ正反対にある地点（対せき点）にある。

ウ　オーストラリア大陸の南東に位置する国で，島国（海洋国）である。

エ　アルプス・ヒマラヤ造山帯に属する国で，地震の多い国である。

5 ヨーロッパ・アフリカ　近道問題

▶▶▶▶ 1問1答 ◀◀◀◀　次の □ に適当な語句を書きなさい。

(1) 氷河が溶けるとき山地を削ってできた谷に海水が浸入した地形で，ノルウェーの西部などでみられる海岸地形を何というか。

(2) イタリアのローマ市内にあり，全カトリック教徒の指導者であるローマ教皇を元首とする**世界最小の国**はどこか。

(3) ヨーロッパ北部の平原では，**農作物の栽培と家畜の飼育**を結びつけた農業が発達しているが，このような農業を何というか。

(4) **地中海沿岸地域**で夏の乾燥する時期に育てられる農作物で，その実からとられた油を食用にも利用するものは何か。

(5) ライン川河口に位置する**オランダのロッテルダム**港に建設された港湾地域で，「EUの玄関口」といわれる場所を何というか。

(6) **自動車**などの**排気ガス**によって，植物が枯れたり，池や湖の魚が死んだりするなどの大きな原因になっているものは何か。

(7) **移民の増加**の問題などで意見が食い違い，2020年1月にEUを離脱した国はどこか。

(8) アフリカ大陸北部に広がる**世界最大の砂漠**を何というか。

(9) 高温で**雨季と乾季**があり，雨季には背の高い草がはえ，草原の中にかん木がみられる気候を何というか。

(10) 携帯電話などの情報通信機器をつくる際に重要な，世界的に産出量が少ない**希少価値の高い金属**の総称を何というか。

(11) 1990年代半ばまで**南アフリカ共和国**で行われていた政策で，黒人よりも白人が優位の人種隔離策を何というか。

(12) 開発途上国の原料や製品を適正な価格で継続的に購入し，開発途上国の生産者や労働者の生活改善と自立を目指す貿易のしくみを何というか。

▶▶▶▶ 4択問題 ◀◀◀◀

⑴　ドイツを流れる国際河川として，最も適切なものを，次のア～エから1つ選
　びなさい。（　　　）　　　　　　　　　　　　　　　　　（浪速高[改題]）
　　ア　ライン川　　イ　ナイル川　　ウ　チグリス川　　エ　アマゾン川

⑵　ヨーロッパの国々とアメリカ合衆国が結んでいる軍事同盟として，最も適切
　なものを，次のア～エから1つ選びなさい。（　　　）　　（奈良育英高[改題]）
　　ア　APEC　　イ　TPP　　ウ　NATO　　エ　ODA

⑶　オランダの国の面積の4分の1を占めるといわれる「干拓地」のことを何と
　いうか，最も適切なものを，次のア～エから1つ選びなさい。（　　　）
　　　　　　　　　　　　　　　　　　　　　　　　　　（香ヶ丘リベルテ高[改題]）
　　ア　パンパ　　イ　タイガ　　ウ　セルバ　　エ　ポルダー

⑷　地中海式農業で栽培される作物として誤っているものを，次のア～エから1
　つ選びなさい。（　　　）　　　　　　　　　　　　　　　（大阪商大堺高）
　　ア　リンゴ　　イ　オレンジ　　ウ　ブドウ　　エ　小麦

⑸　カカオの生産がさかんな国の組み合わせとして最も適切なものを，次のア～
　エから1つ選びなさい。（　　　）　　　　　　　　　　　（大阪信愛学院高）
　　ア　アルジェリア・エジプト　　　　イ　ボツワナ・エチオピア
　　ウ　ガーナ・コートジボワール　　　エ　モロッコ・コンゴ民主共和国

⑹　アフリカ大陸の南端にある南アフリカ共和国では長年にわたり，アパルトヘ
　イトと呼ばれる政策が行われてきた。この政策の内容として最も適切なものを，
　次のア～エから1つ選びなさい。（　　　）　　　　　　　（東大谷高）
　　ア　ヨーロッパ系の人々がアフリカ系の人々を差別する。
　　イ　都市部に住む人々を地方に強制移住させる。
　　ウ　政府を批判する人々を逮捕する。
　　エ　紙幣を大量に発行し，国内に流通させる。

⑺　2016年の外務省の資料によると，ナイジェリアの人口は日本の約1.5倍で
　ある。日本の人口をもとにしてこの国の人口を推定したとき，最も近いものを，
　次のア～エから1つ選びなさい。（　　　）　　　　　　　（大谷高）
　　ア　約1億人　　　　　　　イ　約1億8000万人
　　ウ　約3億5000万人　　　エ　約5億3000万人

▶▶▶▶ **実戦問題** ◀◀◀◀

1 ヨーロッパ州の地図について，後の各問いに答えなさい。　　（立命館宇治高）

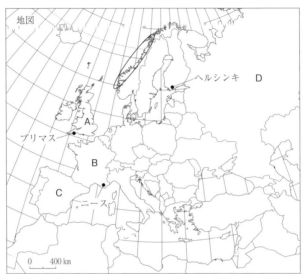

(1)　地図中の ◯ でかこまれた海岸には，入り江から内陸にかけて深い谷が刻まれています。この特徴を持つ地形の名称を答えなさい。（　　　　　）

(2)　次の雨温図は，地図中のニース，ヘルシンキ，プリマスのいずれかの都市の気候を表しています。ニースの雨温図を**ア〜ウ**から１つ選び，記号で答えなさい。（　　　）

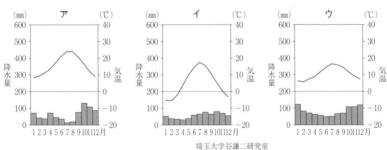

埼玉大学谷謙二研究室
Google earth KML ／ KMZ ファイル世界各地の雨温図より

(3)　地図中の**A〜D**の国のうち，同じグループに属する言語がおもに話されている国を２つ選びなさい。（　　　）（　　　）

(4) 地図のヨーロッパ州に成立した EU の本部が置かれている都市名を次のア
〜エから1つ選び，記号で答えなさい。（　　　）

ア　パリ　　イ　ロンドン　　ウ　ウィーン　　エ　ブリュッセル

2 里奈さんたちは，アフリカについて調べたことをまとめ，発表した。次の図
と資料は，そのときに使用したものの一部である。後の(1)〜(4)の問いに答えな
さい。
（群馬県）

図

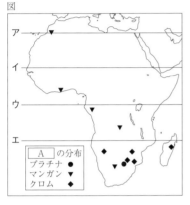

資料Ⅰ　大陸別の気候帯の割合(%)

	a	b	c	d
熱帯	7.4	5.2	38.6	63.4
乾燥帯	26.1	14.4	46.7	14.0
温帯	17.5	13.5	14.7	21.0
亜寒帯	39.2	43.4	0.0	0.0
寒帯	9.8	23.5	0.0	1.6

（「データブック　オブ・ザ・ワールド 2019 年版」により作成）

資料Ⅱ　国別の輸出額に占める主な輸出品の割合

エチオピア　コーヒー豆 41.5 ／ 野菜・果実 16.4 ／ 金 7.5 ／ その他 34.6

ボツワナ　ダイヤモンド 88.7 ／ 機械類 2.9 ／ その他 8.4

コートジボワール　野菜・果実 カカオ豆 27.9 ／ 11.4 ／ 金 6.6 6.6 ／ 天然ゴム ／ その他 47.5

0　　　　　　　　　　50　　　　　　　　　100(%)

※エチオピアは 2016 年，ボツワナとコートジボワールは
　2017 年の値を示している。

（「世界国勢図会 2019／20 年版」により作成）

(1) 図中のア〜エから，赤道に当たるものを選びなさい。（　　　）

(2) 資料Ⅰのa〜dは，アフリカ，北アメリカ，南アメリカ，ユーラシアのい
ずれかの大陸の気候帯の割合を示したものである。アフリカ大陸に当たるも
のを，a〜dから選びなさい。（　　　）

(3) 図中の　A　には，近年，スマートフォンなどの電子機器に多く使われて
いる金属の総称が入る。　A　に当てはまる語を書きなさい。（　　　　　）

(4) 資料Ⅱのような特定の産物の輸出に頼る経済を何というか，書きなさい。
また，このような経済の国の収入は安定しない傾向がある。その理由を，簡
潔に書きなさい。

　　　経済（　　　　　）

　　　理由（　　　　　　　　　　　　　　　　　　　　　　　　　　　）

6 南北アメリカ　近道問題

▶▶▶▶ **1問1答** ◀◀◀◀　次の □ に適当な語句を書きなさい。

(1) ロッキー山脈の東部に広がっているステップ気候の**台地上の大平原**を何というか。

(2) カナダ北部などの**ツンドラ地帯**に住み，主に狩猟を行う民族を何というか。

(3) アメリカ合衆国では，土地の自然環境や社会的条件に適した作物を大規模栽培する農場が多いが，この農業の特色を何というか。

(4) **北緯37度以南**の温暖な地域にあたるアメリカ合衆国南部の，新しい工業地帯のことを何というか。

(5) 泥土が固まってできた頁岩（けつがん）と呼ばれる硬い岩の層に閉じ込められた状態の天然ガスを何というか。

(6) アメリカ合衆国が日本や中国などとの間に抱える，国家間の著しい**貿易収支の不均衡**などによって生じる諸問題を何というか。

(7) メキシコなどから移住した，**スペイン語を話す移民とその子孫**で，アメリカ合衆国に住む人々を何というか。

(8) 南アメリカ大陸を流れ，赤道付近に河口をもつ**世界で最も流域面積が広い河川**を何というか。

(9) アルゼンチンを流れる**ラプラタ川流域の草原地帯**で，小麦・とうもろこしの栽培や牛の放牧がさかんな地域を何というか。

(10) 太平洋に面するチリのチュキカマタ銅山などで行われている，**地表を直接けずって掘り下げながら**，鉱物を採取することで安全性を高めた方法を何というか。

(11) ブラジルでは環境にやさしい**バイオエタノール**を，ある農作物から多く作り出している。この農作物とは何か。

(12) 南アメリカ州の国々はスペイン語を公用語としている国が多いが，唯一，**ポルトガル語を公用語としている**国はどこか。

▶▶▶▶ **4択問題** ◀◀◀◀

(1) カナダの北部に住む先住民を何というか，最も適切なものを，次のア〜エから1つ選びなさい。（　　　）　　　　　　　　　　　　　　（京都光華高）

　　ア　マオリ　　イ　イヌイット　　ウ　アボリジニ　　エ　マサイ

(2) アメリカ合衆国において，自動車が人びとの生活と深く結びついている理由は何か。最も適切なものを，次のア〜エから1つ選びなさい。（　　　　）

　　　　　　　　　　　　　　　　　　　　　　　　　　　　　　（同志社国際高）

　　ア　高速道路が整備されていて，大都市でも交通渋滞がほとんどないから。

　　イ　国土全体に鉄道網が広がっているが，人口が多いため鉄道だけでは人の移送が不十分だから。

　　ウ　国の面積が広く，人口密度が低いので，病院などの日常生活に必要な施設が離れているから。

　　エ　耕地面積が広く，農薬散布などで必要性があるから。

(3) ヨーロッパ人と先住民との混血の人々を何というか，最も適切なものを，次のア〜エから1つ選びなさい。（　　　）　　　　　　　　　　（常翔啓光学園高）

　　ア　メスチソ　　イ　イヌイット　　ウ　マオリ　　エ　アボリジニ

(4) 南アメリカ州の自然環境について述べた文として，適切でないものを，次のア〜エから1つ選びなさい。（　　　）　　　　　　　　　（明星高[改題]）

　　ア　環太平洋造山帯に属しているアンデス山脈は，6000m級の高く険しい山々が連なり，高度によって異なる自然環境がみられる。

　　イ　赤道近くを西から東へ流れているアマゾン川は，流域面積は世界最大，距離はアフリカ大陸を流れているナイル川に次ぐ世界2位の河川である。

　　ウ　アルゼンチンのブエノスアイレス周辺にはセルバと呼ばれる草原が広がっており，牛の放牧や小麦の栽培がさかんに行われている。

　　エ　南アメリカ大陸の南端には寒帯気候が分布し，山岳地帯では氷河の発達がみられる地域がある。

(5) ブラジルで主に話されている言語は何か，最も適切なものを，次のア〜エから1つ選びなさい。（　　　）　　　　　　　　　　　　　　　（浪速高）

　　ア　スペイン語　　イ　英語　　ウ　オランダ語　　エ　ポルトガル語

▶▶▶▶ **実戦問題** ◀◀◀◀

1 右の略地図を見て、設問に適語や記
号で答えなさい。 （福岡大附若葉高）

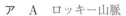

(1) 地図中のAとBはロッキー山脈と
アパラチア山脈、地図中のCとDは
グレートプレーンズとプレーリーの
いずれかを示しています。AとCの
名称の組み合わせとして正しいもの
はどれですか。（　　　）

　ア　A　ロッキー山脈
　　　C　グレートプレーンズ

　イ　A　ロッキー山脈　　C　プレーリー

　ウ　A　アパラチア山脈　　C　グレートプレーンズ

　エ　A　アパラチア山脈　　C　プレーリー

(2) おもに夏から秋にかけて、カリブ海やメキシコ湾で空気が温まることで発
生する熱帯低気圧の呼称として正しいものはどれですか。（　　　）

　ア　台風　　　　　イ　サイクロン

　ウ　ハリケーン　　エ　ウィーリーウィーリー

(3) 北アメリカ大陸における民族構成について述べた次の文章中の下線ア〜エ
のうち、誤っているものはどれですか。（　　　）

　　北アメリカ大陸にはもともと ア ネイティブアメリカンとよばれる先住民が
住んでいました。しかし、 イ ヨーロッパからたくさんの移民がやってきて、
多様な文化や言語が根付きました。また労働力として、 ウ アフリカから多く
の奴隷が連れて来られたため、現在でもアメリカ合衆国にはその地域の方々
が1割ほど居住しています。近年は、メキシコやカリブ諸国から エ イヌイッ
トが多く移住してきています。

(4) 右の写真は、アメリカ合衆国で多くみられる農
業方式です。このように地下水をくみ上げ、回転式
のスプリンクラーで散水する農業方式を何といいま
すか。（　　　　　）

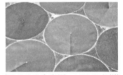

（アメリカ合衆国，コロラド州）

2　右の地図を見て，次の問いに答えなさい。

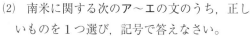

（京都女高）

(1)　図中の**ア～エ**のうち，ニューヨーク付近を
　　通る西経75度の経線に該当するものを1つ
　　選び，記号で答えなさい。（　　　）

(2)　南米に関する次の**ア～エ**の文のうち，正し
　　いものを1つ選び，記号で答えなさい。

（　　　）

　ア　南部の西海岸には，氷河によって侵食さ
　　　れた谷に海水が浸入してできたリアス海岸
　　　がみられる。

　イ　東部には，高くて険しい山脈が形成され
　　　ており，火山も多くみられる。

　ウ　西部には，沖合を流れる寒流の影響を受けて，砂漠がみられる。

　エ　赤道付近には，世界で2番目に長い河川が流れており，パンパと呼ばれ
　　　る熱帯雨林がみられる。

(3)　次の①～③は，図中のA～Cの国が輸出している上位5品目と金額による
　　割合（％）を示している（2019年）。①～③とA～Cとの正しい組合せを，
　　後の**ア～カ**から1つ選び，記号で答えなさい。なお，統計は，『データブッ
　　ク　オブ・ザ・ワールド　2021年版』（二宮書店）による。（　　　）

①	％
原油	32.9
石炭	12.4
石油製品	7.4
コーヒー豆	5.8
金（非貨幣用）	4.5

②	％
大豆油かす	13.1
とうもろこし	9.1
自動車	6.6
肉類	5.8
大豆	5.2

③	％
大豆	11.6
原油	10.7
鉄鉱石	10.1
機械類	7.3
肉類	7.2

	ア	イ	ウ	エ	オ	カ
①	A	A	B	B	C	C
②	B	C	A	C	A	B
③	C	B	C	A	B	A

7 九州・中国・四国地方 近道問題

▶▶▶▶ 1問1答 ◀◀◀◀　次の □ に適当な語句を書きなさい。

(1) 熊本県の**阿蘇山**に世界最大級のものがみられる，火山の爆発によって火口付近などにできるくぼ地のことを何というか。

(2) 東シナ海に広がる海洋から**水深200mくらいまでの海域**は，比較的傾斜がゆるやかになっているが，これを何というか。

(3) 宮崎県や高知県では，冬でも温暖な気候を利用して，野菜などの**出荷時期を早める**栽培方法をとっている。これを何というか。

(4) 鹿児島県や宮崎県に，**桜島**などの火山灰が降り積もった台地を何というか。

(5) 明治時代に建設された**八幡製鉄所**を中心に発達してきた工業地帯を何というか。

(6) 中国地方に位置する5県のうち，日本海と瀬戸内海の両方に面している県はどこか。

(7) 中央官庁の関係機関や大企業の支社・支店が集中している，各地方の中心的役割を果たす都市を**地方中枢都市**というが，中国・四国地方の地方中枢都市はどこか。

(8) **岡山県倉敷市**につくられている，原料の調達などを便利にするため，関連工場などが1カ所に集まった施設を何というか。

(9) **本州四国連絡橋**のうち最初に開通（1988年）し，岡山県と香川県を結んでいる橋を何というか。

(10) 四国地方で最も流域面積の広い河川で，徳島県を西から東へ流れ，紀伊水道に注ぐ河川を何というか。

(11) 高知県の土佐清水港では，かつおの水揚げ量が多いが，これには高知県の沖を流れる**暖流**が影響している。この暖流を何というか。

(12) 愛媛県西部に広がる**段々畑**などを中心に生産され，都道府県別生産量が和歌山県に次ぎ，全国2位となっている果物は何か。

▶▶▶▶　**4択問題**　◀◀◀◀

(1)　水俣市では，1950年代から1960年代にかけて，化学工業の発展とともに公害が発生して大きな被害が出た。この公害の原因として最も適切なものを，次のア〜エから1つ選びなさい。（　　　）　　　　　　　　　　　（青森県）

　　ア　土壌汚染　　イ　水質汚濁　　ウ　大気汚染　　エ　地盤沈下

(2)　大分県にある八丁原発電所では，火山活動を利用した発電が行われている。八丁原発電所で行われている発電方法を，次のア〜エから1つ選びなさい。

　　　　　　　　　　　　　　　　　　　　　　　　　（　　　）（静岡県）

　　ア　原子力　　イ　火力　　ウ　水力　　エ　地熱

(3)　現在の福岡県には，明治時代に官営の八幡製鉄所が建設された。その地理的な理由を説明した次の文章の空欄X・Yにあてはまる適切な資源の組み合わせを，後のア〜エから1つ選びなさい。（　　　）　　　　　（立命館宇治高）

　　　福岡県に八幡製鉄所が建設された理由の一つは，江戸時代からこの地域で（　X　）が産出され，中国から（　Y　）を輸入することに便利で，原料確保に有利だったからである。

　　ア　X—石油　　Y—石炭　　イ　X—石炭　　Y—鉄鉱石
　　ウ　X—石炭　　Y—石油　　エ　X—鉄鉱石　　Y—石炭

(4)　広島県から鳥取県へ最短距離の陸路で行く場合に通る山地名を，次のア〜エから1つ選びなさい。（　　　）　　　　　　　　　　　（金光藤蔭高）

　　ア　中国山地　　イ　四国山地　　ウ　紀伊山地　　エ　筑紫山地

(5)　瀬戸大橋は，何県と何県を結んでいるか。次のア〜エから1つ選びなさい。

　　　　　　　　　　　　　　　　　　　　　　　　　（　　　）（京都明徳高）

　　ア　岡山県と香川県　　イ　兵庫県と徳島県
　　ウ　広島県と愛媛県　　エ　山口県と福岡県

(6)　四国山地の北側の気候について述べた文として正しいものを，次のア〜エから1つ選びなさい。（　　　）　　　　　　　　　　　　（育英西高）

　　ア　夏は降水量が多く，冬は乾燥している。
　　イ　夏は乾燥しているが，冬は降水量が多い。
　　ウ　一年中季節風の影響を受けないため，降水量が少ない。
　　エ　一年中季節風の影響を受けるため，降水量が多い。

▶▶▶▶ **実戦問題** ◀◀◀◀

1 九州地方に関する次の問いに答えなさい。　　　　　　　　　　　　(富山県)

(1) 地図中の▲は，九州地方の火山である。これらに
　関する説明として適切なものを，次の**ア〜エ**から2
　つ選び，記号を書きなさい。(　　　)(　　　)

地図

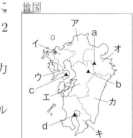

　　ア　a周辺では以前よりダムの建設が盛んで，水力
　　　発電としては日本最大の八丁原発電所がある。

　　イ　bは世界最大級のカルデラをもつ火山で，カル
　　　デラ内部には水田や市街地が広がっている。

　　ウ　cは近年でも活発に噴火を繰り返す火山で，噴
　　　火の際の火砕流で大きな被害が出ている。

　　エ　d周辺の九州南部はシラスと呼ばれる火山灰が堆積した台地となってお
　　　り，水もちのよい土地で稲作が盛んである。

(2) 資料は家畜の都道府県別頭数を示し，X〜Zは肉用若鶏，肉用牛，豚のい
　ずれかであり，　p　〜　r　は九州地方のいずれかの県である。

資料　家畜の都道府県別頭数　上位5道県と全国計 (2017年)

乳用牛			X			Y			Z		
	万頭・万羽	%		万頭・万羽	%		万頭・万羽	%		万頭・万羽	%
北海道	77.9	58.9	北海道	51.7	20.7	p	132.7	14.2	q	2768	20.5
栃木	5.2	3.9	p	32.2	12.9	q	84.7	9.1	p	2665	19.7
岩手	4.3	3.2	q	24.4	9.8	千葉	66.4	7.1	岩手	2200	16.3
r	4.2	3.2	r	12.6	5.0	北海道	63.1	6.8	青森	729	5.4
群馬	3.5	2.7	岩手	9.2	3.7	群馬	62.9	6.7	北海道	469	3.5
全国	132.3	100.0	全国	249.9	100.0	全国	934.6	100.0	全国	13492	100.0

(「日本国勢図会2018／19」より作成)

① 肉用若鶏と豚の組み合わせとして最も適切なものを次の**ア〜カ**から1つ
　選び，記号を書きなさい。(　　　)

　　ア　肉用若鶏—X　　豚—Y　　**イ**　肉用若鶏—X　　豚—Z

　　ウ　肉用若鶏—Y　　豚—X　　**エ**　肉用若鶏—Y　　豚—Z

　　オ　肉用若鶏—Z　　豚—X　　**カ**　肉用若鶏—Z　　豚—Y

② 　p　，　q　にあてはまる県名を書きなさい。また，その県の地図上
　の位置を**ア〜キ**からそれぞれ1つずつ選び，記号を書きなさい。

　　　p (　　　　　県)(　　　) 　q (　　　　　県)(　　　)

2 健吾さんと遥香さんは、社会科の調べ学習で、中国・四国地方について調べた。次の各問いに答えなさい。　　　　　　　　　　　　　　　　（熊本県）

図1の ⬤ は、中国・四国地方を示したものである。健吾さんは、中国・四国地方の気候や人口の分布、産業について調べ、中国地方の日本海側、瀬戸内海沿岸、四国地方の太平洋側の各地域で特色が見られることを知った。次の問いに答えなさい。

図1

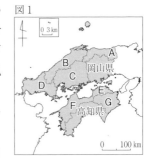

(1) 県名と県庁所在地名が異なる県を、図1のA～Gからすべて選び、記号で答えなさい。

　　　　　　　　（　　　　　　　）

(2) 表は、岡山県と図1のC、D、E、Fの県の、人口密度などをまとめたものである。CとFの県に当たるものを、表のア～エからそれぞれ1つずつ選び、記号で答えなさい。C（　　　）　F（　　　）

表

項目　　　　　　　　　　県	岡山県	ア	イ	ウ	エ
人口密度（人／k㎡）	268	226	516	240	334
工業製造品出荷額（億円）	71299	56302	24953	38371	100064
農業産出額（億円）	1446	681	898	1341	1238
海面漁業・海面養殖業の産出額（億円）	84	162	218	913	264

（注）　農業産出額は、農産物の生産数量に販売価格（補助金等を含む）をかけたもの。

（「データでみる県勢2019」による）

(3) 図2は、東京都中央卸売市場で取引されたピーマンについて、全体の取引量のうち、高知県産が占める割合を棒グラフで、月平均価格を折れ線グラフで、それぞれ示したものである。高知県では温暖な気候を生かし、普通の出荷時期よりも早く栽培する ┃ a ┃ 栽培によってピーマンを生産し、市場で取引する際の価格が $_b$（ア　高い　　イ　安い）時期に東京などの大消費地に出荷している。┃ a ┃ に当てはまる語を書きなさい。また、bの（　　　）の中から適当なものを1つ選び、記号で答えなさい。

図2

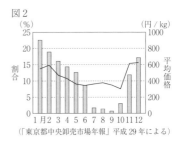

（「東京都中央卸売市場年報」平成29年による）

　　a（　　　　　　　）　b（　　　　　　　）

8 近畿・中部地方　近道問題

▶▶▶▶ 1問1答 ◀◀◀◀　次の　　　　に適当な語句を書きなさい。

(1)　日本の**標準時子午線**は兵庫県明石市などを通るが，それは東経何度の経線か。

(2)　近畿地方に位置する**政令指定都市**のうち，最も西に位置する都市はどこか。

(3)　滋賀県の面積の約6分の1を占め，「**近畿の水がめ**」ともいわれる日本最大の湖を何というか。

(4)　近畿地方や中部地方でもさかんな，野菜や花，果実や庭木の生産など，新鮮な農作物を市場に出荷するため，**大都市の周辺**で行われる農業を何というか。

(5)　**清水焼や西陣織**などの伝統的工芸品を生産している都道府県はどこか。

(6)　奈良県や滋賀県に発達している，大都市で働く人々のためにつくられた住宅を中心に発達した都市を何というか。

(7)　**日本アルプス**のうち，中央アルプスとよばれる山脈を何というか。

(8)　中部地方に位置する県のうち，県境が8県と接し，日本一多くなっている県はどこか。

(9)　中京工業地帯の中心都市の一つで，**自動車工業**がさかんな愛知県の工業都市はどこか。

(10)　甲府盆地の**扇状地**を中心にブドウやモモの生産がさかんな都道府県はどこか。

(11)　四大公害病のうち，富山県で発生した**カドミウム**が原因物質となった公害病を何というか。

(12)　2027年に品川―名古屋間で開通を予定している，高速輸送を目的とした新幹線の通称を何というか。

▶▶▶▶ **4択問題** ◀◀◀◀

(1) 紀伊山地の特産物として，最も適切なものを，次の**ア～エ**から１つ選びなさい。（　　　）　　　　　　　　　　　　　　　　　　　　　（福島県[改題]）

　　ア 吉野すぎ　　**イ** 九条ねぎ　　**ウ** 賀茂なす　　**エ** 木曽ひのき

(2) 日本の標準時子午線が通る都市を，次の**ア～エ**から１つ選びなさい。

　　　　　　　　　　　　　　　　　　　　　　（　　　）（京都廣学館高）

　　ア 明石市　　**イ** 糸魚川市　　**ウ** 宇部市　　**エ** 海老名市

(3) 近畿地方の工業についての説明として，最も適切なものを，次の**ア～エ**から１つ選びなさい。（　　　）　　　　　　　　　　　　　　　（京都西山高）

　　ア 東大阪市や八尾市などの内陸部には，大企業より中小企業の工場が多い。

　　イ 近年作られた新しい工場では，あまりリサイクル水が使われていない。

　　ウ 門真市や池田市など高速道路沿いは，空気が汚染されるため工場がない。

　　エ 企業の工場と住宅地の距離が離れているため，生活環境をめぐる問題が起きにくい。

(4) その地域の原料や技術などと結びついて発達した産業を「地場産業」という。福井県の地場産業として，最も適切なものを，次の**ア～エ**から１つ選びなさい。

　　　　　　　　　　　　　　　　　　　　　　　（　　　）（東山高）

　　ア ケミカルシューズ　　**イ** 瀬戸焼　　**ウ** 南部鉄器　　**エ** メガネフレーム

(5) 中部地方で，1960年代に自動車工業が発展した理由として，適当でないものを，次の**ア～エ**から１つ選びなさい。（　　　）　　　　　　　（大分県）

　　ア 日系外国人が多く居住しており，労働者を確保しやすかったから。

　　イ 製鉄所や石油化学コンビナートが付近に立地し，材料を確保しやすかったから。

　　ウ 関連部品工場が集まっており，効率の良い生産体制ができたから。

　　エ 大きな港があり，製品の輸送に便利な環境であったから。

(6) 若狭湾沿岸に多い発電所を，次の**ア～エ**から１つ選びなさい。（　　　）

　　　　　　　　　　　　　　　　　　　　　　　　　　　（花園高）

　　ア 水力発電所　　**イ** 火力発電所　　**ウ** 地熱発電所　　**エ** 原子力発電所

(7) 長野県に接していない県を，次の**ア～エ**から１つ選びなさい。（　　　）

　　　　　　　　　　　　　　　　　　　　　　　　　　　（清風高）

　　ア 山梨県　　**イ** 石川県　　**ウ** 愛知県　　**エ** 岐阜県

▶▶▶▶ **実戦問題** ◀◀◀◀

1 右の略地図や資料を見て，次の問いに答えなさい。

（青森県）

略地図

(1) 略地図について，次の①～③に答えなさい。

① 略地図中の◯で見られる海岸線が複雑に入り組んだ地形を何というか，書きなさい。（　　　　）

② 略地図中のＸは，冬の日本海側の気候に影響をあたえる海流を表している。この海流名を書きなさい。
（　　　　　　）

③ 近畿地方の南部は，古くから林業が盛んであった。この地方で生産されている木材を，次のア～エの中から1つ選び，その記号を書きなさい。（　　　）

　ア　屋久<ruby>屋久<rt>やく</rt></ruby>すぎ　　イ　吉野<ruby>吉野<rt>よしの</rt></ruby>すぎ　　ウ　越後<ruby>越後<rt>えちご</rt></ruby>すぎ　　エ　秋田<ruby>秋田<rt>あきた</rt></ruby>すぎ

(2) 資料1は，ある府県で見られる自然環境の特色と観光地の一つである<ruby>天橋立<rt>あまのはしだて</rt></ruby>を表している。資料1が示している府県として適切なものを，略地図中のa～dの中から1つ選び，その記号を書きなさい。
（　　　　）

資料1

【自然環境の特色】北部にはなだらかな山地が広がり，北西の季節風の影響で，冬には雪や雨が多く降る。
【観光地】天橋立

(3) 資料2は，職人が手作業で<ruby>刃物<rt>はもの</rt></ruby>を造る様子を表している。資料2について述べた次の文章中の（ Ａ ），（ Ｂ ）にあてはまる語をそれぞれ書きなさい。

Ａ（　　　　　）　Ｂ（　　　　　）

資料2

近畿地方では，古くから鉄製道具が生産されてきた。鉄を加工する技術が<ruby>鍛冶<rt>かじ</rt></ruby>職人によって受け継がれ，<ruby>戦国時代<rt>せんごくじだい</rt></ruby>には<ruby>鉄砲<rt>てっぽう</rt></ruby>の生産地となった地域もある。そのような歴史的背景をもつ大阪府（ Ａ ）市で造られている高品質の刃物は，現在，京都府の<ruby>西陣織<rt>にしじんおり</rt></ruby>や<ruby>京友禅<rt>きょうゆうぜん</rt></ruby>などとともに国から伝統的（ Ｂ ）に指定されている。

2 太郎さんは，授業で中部地方を学習したことをきっかけに，北陸に関心をもち，その特色について調べました。図は，太郎さんが作成した略地図です。後の問いに答えなさい。　　　　　　　　　　　　　　　　　　　　　　　　（岡山県）

（注）●は県庁所在地を示す。

図

(1) 図のA湾について太郎さんが説明した次の文章の _____ に当てはまることばを書きなさい。（　　　　　　　）

　　この湾は，多種多様な魚がとれる水産資源の宝庫です。その理由の一つに，湾の中に暖流の _____ 海流が流れ込んでいることがあります。

(2) 太郎さんは，図のB〜Fの各県にある観光レクリエーション施設数と，各県庁所在地から東京まで移動する際の所要時間を調べ，次の表を作成しました。B県に当てはまるのは，ア〜オのうちのどれですか。1つ答えなさい。
（　　　　　　　）

表

	キャンプ場	スキー場	海水浴場	県庁所在地から東京までの所要時間
ア	89	30	61	約100分
イ	159	73	―	約90分
ウ	60	―	56	約60分
エ	24	1	22	約100分
オ	33	7	10	約130分

（注）―は皆無なことを示している。所要時間は，県庁所在地の新幹線停車駅から東京駅までの新幹線のおおよその時間。施設数は2018年3月末時点。所要時間は2018年12月末時点。
（「データでみる県勢2020」，「JR時刻表」から作成）

9 関東・東北・北海道地方 近道問題

▶▶▶▶ 1問1答 ◀◀◀◀ 次の □ に適当な語句を書きなさい。

(1) 日本の最南端に位置する**沖ノ鳥島**が属する都道府県はどこか。

(2) 埼玉県や群馬県，栃木県など**関東地方の内陸部**に発達した，機械工業がさかんな工業地域を何というか。

(3) **千葉県に位置する**，旅行者数，貿易総額が日本最大の空港名を何というか。

(4) 群馬県の嬬恋村などでは，夏でも冷涼な気候を利用して，キャベツなどの**出荷時期を遅らせる**栽培方法をとっている。このようにして栽培される野菜を何というか。

(5) 人工熱の影響で東京などの都市部の気温が周辺部よりも高くなり，**熱帯夜**などを引き起こす現象を何というか。

(6) 東北地方の県のうち，**北緯40度の緯線**が通るのは，岩手県ともう一つどの県か。

(7) 津軽平野などを中心に生産される果物で，**青森県**が全国の生産量の60％程度を占めるものは何か。

(8) 岩手県の盛岡市などで生産されている鋳物（金属製品）で，**伝統的工芸品**として認められているものは何か。

(9) **三陸海岸**沖にみられる，寒流と暖流がぶつかり合うことで良い漁場となっている場所を何というか。

(10) 北海道の道庁所在地の**札幌市**が位置し，稲作がさかんな平野を何というか。

(11) **根釧台地**などでさかんな，飼料作物を栽培して乳牛を飼育し，生乳の他にチーズやバターなどの加工品を生産する農業を何というか。

(12) 北海道を中心に居住し，狩猟や採集を生業とする生活様式や独自の文化を発達させてきた**日本の先住民**を何というか。

▶▶▶▶ **4択問題** ◀◀◀◀

(1) 政令指定都市ではないものを，次のア～エから1つ選びなさい。（　　　）

（京都精華学園高）

　　ア　川崎市　　イ　相模原市　　ウ　さいたま市　　エ　宇都宮市

(2) 茨城県の説明として，最も適切なものを，次のア～エから1つ選びなさい。

（　　　）（東海大付福岡高）

　　ア　この県の大泉町では，日系ブラジル人が多く住んでいる。

　　イ　この県につくられた筑波研究学園都市に多くの大学や研究機関が移転した。

　　ウ　この県の中央部に，鬼怒川が流れている。

　　エ　この県の東部にある銚子の特産品はしょうゆである。

(3) リアス海岸の地形の特徴として，最も適切なものを，次のア～エから1つ選びなさい。（　　　）

（金光藤蔭高）

　　ア　氷河に削られたことによってできた複雑な地形

　　イ　火山活動によってできたかんぼつした地形

　　ウ　山地や丘が海面より下に沈んでできた複雑に入り込んだ地形

　　エ　風によって運ばれた砂が積もってできた丘状の地形

(4) 東北地方の伝統的な漆器として，最も適切なものを，次のア～エから1つ選びなさい。（　　　）

（清明学院高[改題]）

　　ア　輪島塗　　イ　越前漆器　　ウ　紀州漆器　　エ　会津塗

(5) 東北地方で行われている稲作に関する工夫として，最も適切なものを，次のア～エから1つ選びなさい。（　　　）

（広島県[改題]）

　　ア　二期作を行っている。

　　イ　すべての県が1種類の銘柄米しか栽培していない。

　　ウ　寒さに強い品種を開発し栽培している。

　　エ　抑制栽培を行っている。

(6) 北海道の道庁所在地はどこか。次のア～エから1つ選びなさい。（　　　）

（樟蔭高）

　　ア　帯広市　　イ　函館市　　ウ　旭川市　　エ　札幌市

(7) 北海道が属している気候帯として，最も適切なものを，次のア～エから1つ選びなさい。（　　　）

（大阪薫英女高）

　　ア　温帯　　イ　乾燥帯　　ウ　亜寒帯　　エ　寒帯

▶▶▶▶ **実戦問題** ◀◀◀◀

1 次の文を読み地図を見て，後の問いに答えなさい。 （大阪偕星学園高）

日本最大の面積をもつ（ A ）平野は，17 世紀初めに _a江戸幕府が開かれて以来本格的に開発が進み，人口も増えていった。この平野には，富士山や浅間山などの噴火による火山灰が積もってできた赤土におおわれた台地と，（ B ）や多摩川など多くの河川に沿ってできた低地が広がっている。

_b東京都には日本の人口の約11％が住んでいる。その中心部には高層ビルや商業施設，大企業の本社や中央官庁などが集中している。東京都に限らず，このような _c都会の中心部では，気温が周辺の地域に比べて高くなる現象がみられる。

関東地方には東京都の他，_d6つの県がありこれらの県からも数多くの人が東京へ通勤している。

(1) 文中（ A ）に適する語句を漢字で答えなさい。（　　　　　）

(2) 文中（ B ）に適する日本で最も広い流域面積をもつ河川名を，次のア〜エより 1 つ選び記号で答えなさい。（　　　）

　　ア　信濃川　　イ　淀川　　ウ　利根川　　エ　天竜川

(3) 下線部 a について，江戸時代にアメリカの東インド艦隊司令長官ペリーが浦賀に来航した。浦賀の位置する三浦半島を，地図中ア〜ウより 1 つ選び記号で答えなさい。（　　　）

(4) 下線部 b について，東京都の人口（2019 年現在）は約何人か。最も近いものを，次のア〜エより 1 つ選び記号で答えなさい。（　　　）

　　ア　約 880 万人　　　イ　約 1020 万人
　　ウ　約 1390 万人　　　エ　約 1610 万人

(5) 下線部 c について，この現象を何というか。解答欄に合うように答えなさい。（　　　　　現象）

(6) 下線部 d について，これら 6 つの県のうち県庁所在地名がひらがな表記となっている県を，地図中 C 〜 H より 1 つ選び記号で答えなさい。（　　　）

2 次の東北地方の地図を見て，後の問いに答えなさい。 （関大第一高）

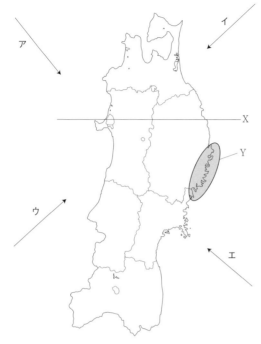

(1) 東北地方では初夏に吹く風の影響で冷害が引き起こされることがあります。
　　この風の名前を何と言いますか。また，この風の風向きとして正しいものを，
　　地図中の**ア〜エ**から選び，記号で答えなさい。（　　　　　）（　　　　）

(2) 地図中の緯線 **X** に最も近い緯度にある都市として適当なものを次の**ア〜エ**
　　から1つ選び，記号で答えなさい。（　　　）
　　ア カイロ　**イ** マドリード　**ウ** モスクワ　**エ** シャンハイ

(3) 東北地方では，さまざまな果実の
　　生産が盛んです。右の表は，さくら
　　んぼ，りんご，ももの生産上位都道
　　府県を示したものです。Ⅰ〜Ⅲの果
　　実の組み合わせとして最も適当なも
　　のを，次の**ア〜カ**から1つ選び，記
　　号で答えなさい。（　　　）

	Ⅰ	Ⅱ	Ⅲ
1位	青森県	山梨県	山形県
2位	長野県	福島県	北海道
3位	山形県	長野県	
4位	岩手県	和歌山県	
5位	福島県	山形県	

（「日本国勢図会 2019／20」）

　　ア Ⅰ さくらんぼ　Ⅱ りんご　Ⅲ もも

イ	Ⅰ	さくらんぼ	Ⅱ	もも	Ⅲ	りんご
ウ	Ⅰ	りんご	Ⅱ	さくらんぼ	Ⅲ	もも
エ	Ⅰ	りんご	Ⅱ	もも	Ⅲ	さくらんぼ
オ	Ⅰ	もも	Ⅱ	さくらんぼ	Ⅲ	りんご
カ	Ⅰ	もも	Ⅱ	りんご	Ⅲ	さくらんぼ

(4) 地図中の Y でみられる海岸地形名を答えなさい。(　　　　　　)

3 右の略地図は，北海道を中心に描いたものです。これを見て，次の問いに答えなさい。　　　　(岩手県)

(1) 次のア〜エのうち，図中の線Ａ—Ｂに沿って切ったときの断面を模式的に表しているのはどれですか。最も適当なものを1つ選び，その記号を書きなさい。

(　　　　　)

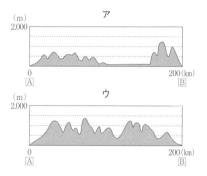

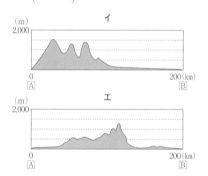

(2) 次の表中のア〜エは，2019 年の北海道，神奈川県，奈良県，沖縄県のいずれかの訪問者数，世界遺産登録数，空港の数，新幹線の駅の数をそれぞれ示したものです。ア〜エのうち，北海道にあたるものはどれですか。1つ選び，その記号を書きなさい。(　　　　　)

	※訪問者数(万人)	世界遺産登録数	空港の数	新幹線の駅の数
ア	588	3	0	0
イ	773	1	13	0
ウ	2,133	1	14	2
エ	2,642	0	0	2

(国土交通省，文部科学省資料から作成)

※訪問者数は，観光・レクリエーション目的で訪れた人数。

解答・解説
近道問題

1. 地図・地形図

□ 1問1答 □

(1) 正距方位図法　(2) メルカトル図法　(3) 面積　(4) 本初子午線　(5) 15度　(6) 赤道　(7) 白夜　(8) 縮尺　(9) 等高線　(10) 計曲線　(11) ［風力発電用］風車　(12) 老人ホーム　(13) 博物館・美術館　(14) ハザードマップ（防災マップ）　(15) 国土地理院

◇ 4択問題 ◇

(1) エ　(2) エ　(3) ウ　(4) エ　(5) ア

■ 実戦問題 ■

1 (1) イ　(2) d

2 (1) イ　(2) イ

3 (1) エ　(2) 消防署

4 (1) 神社　(2) イ　(3) A　(4) リアス〔式〕海岸　(5) 促成栽培　(6) ウ

◇ 解説 ◇

1 (1) 赤道はギニア湾，シンガポールの南端付近，ブラジルの北部を通る。**ウ**は経度0度の本初子午線。

(2) フライト後の日本時間は1月5日午前3時となることから，訪れた都市との時差は17時間とわかる。経度差15度で1時間の時差が生じるので，日本から経度にして255度離れた地点となる。

2 (1) **ア**はメルカトル図法，**ウ**は正距方位図法の説明。

(2) 正距方位図法では中心からの距離と方位が正しい。中心から見て上が北，右が東を示している。

3 (1) **ア**．郵便局の東北東にあるのは税務署。**イ**．墨染駅の南南東には寺院などがあるが，工場はない。**ウ**．森林総合研究所は官公署の地図記号で表されている。

(2) 消防署の地図記号は，江戸時代に火の燃え広がりを防ぐため家をこわすのに使った「さすまた」を記号化したもの。

4 (1) 鳥居の形を図案化したもの。

(2) **イ**．国立水俣病研究センターの北東部に果樹園は見当たらない。

(3) 等高線の間隔が広いほど傾斜は緩やか。

(4) 東北地方の三陸海岸や，福井県の若狭湾などにみられる海岸地形。

(5) 高知平野などでも盛んな農業の形態。

(6) **ア**では「第二水俣病」，**イ**では「四日市ぜんそく」，**エ**では「イタイイタイ病」が発生した。

2. 気候・暮らし・人口

□ 1問1答 □

(1) 偏西風　(2) 熱帯雨林気候　(3) 地中海性気候　(4) チマ・チョゴリ　(5) イヌイット族　(6) 一人っ子政策　(7) やませ　(8) 北西　(9) 輪中　(10) ため池　(11) フェーン現象　(12) 過疎地域(限界集落)

◇ 4択問題 ◇

(1) ウ　(2) ウ　(3) ア　(4) エ　(5) ア

■ 実戦問題 ■

1 (1) E　(2) A　(3) F　(4) B　(5) C　(6) D　(7) G

2 (1) あ．熱帯　い．乾燥帯　(2) イ　(3) ① 流氷　② ア

3 (1) ウ　(2) エ

◇ 解説 ◇

1 (1)はカナダ，(2)はスペイン，(3)はペルー，(4)はガーナ，(5)はインド，(6)は中華人民共和国，(7)はアルゼンチンの説明。

2 (1) あ．熱帯にはヤシなどの樹木が生育し，熱帯雨林と呼ばれる密林が形成される。い．乾燥帯では樹木がほとんど生育せず，多少の降水がみられる地域には，ステップと呼ばれる丈の短い草原が形成される。

(2) アは温帯，ウ・エは熱帯に属している。

(3) ② 北海道には，梅雨前線によってもたらされる梅雨がない。

3 (1) 世界の総人口約77億人に対し，アジア州の人口は約46億人。

(2) タイガは北アメリカ大陸北部にも広がっている。

3. 産業・貿易

□ 1問1答 □

(1) プランテーション　(2) カカオ[豆]　(3) モノカルチャー経済　(4) シリコンバレー　(5) 原油(石油)　(6) 太平洋ベルト　(7) 第3次産業　(8) 中小工場　(9) 栽培漁業　(10) インターネット　(11) 産業の空洞化　(12) 加工貿易

◇ 4択問題 ◇

(1) エ　(2) ア　(3) エ　(4) エ　(5) ウ　(6) ア　(7) イ

■ 実戦問題 ■

1 (1) エ　(2) エ　(3) ① 促成栽培　② ウ

◇ 解説 ◇

1 (1) 4つの品目の中で最も低いグラフを選ぶ。アは米，イは肉類，ウは果実。

(2) A．「さとうきび」はバイオエタノールの原料となり，石油危機以降，代替エネルギーとしての開発が進んだ。C．アマゾン川流域の熱帯雨林地域での過伐採が問題となっている。

(3) ① 東京都への1月におけるピーマンの出荷量上位2県は，宮崎県と高知県。温暖な気候をいかして，ビニールハウスなどで生産し，出荷時期を早めている。② 茨城県は，太平洋側の気候に属する。アは香川県(瀬戸内の気候)，イは富山県(日本海側の気候)，エは北海道(冷帯の気候)の特徴。

4．アジア・オセアニア

□1問1答□

(1) エベレスト（チョモランマ）　(2) 太平洋
(3) 小麦　(4) 経済特区　(5) インド　(6) シンガポール　(7) 華人　(8) 東南アジア諸国連合　(9) ヒンドゥー教　⑽ サウジアラビア
⑾ 白豪主義　⑿ オセアニア州（大洋州）

◇4択問題◇

(1) エ　(2) ウ　(3) ウ　(4) ア　(5) イ　(6) ウ
(7) ウ　(8) イ

■実戦問題■

1 (1) ④　(2) ア　(3) ① オ　② エ
2 (1) Ⅰ. 鉄鉱石　Ⅱ. 石炭　(2) ウ

◇解説◇

1 (1) ① サウジアラビアは乾燥帯に位置する。② インド国民の約8割が信仰するヒンドゥー教では，牛を神聖な動物とみなしている。③ 中国では北部より南部の降水量が多く，主に北部で小麦の栽培，南部で稲作がさかん。⑤「高潮」ではなく，津波が正しい。

(2) アのサウジアラビアは約0.3億人，イのインドは約13.7億人，ウの中国は約14.3億人，エの韓国は約0.5億人，オのインドネシアは約2.7億人。

(3) ①はインドネシア，②は韓国，③はインド，④はサウジアラビア，⑤は中国。

2 (1) オーストラリアの東部には石炭，北西部には鉄鉱石の産地が多くある。Ⅱのインドネシアは，世界有数の石炭の輸出国。

(2) ア．南半球にある国のため「北の方が暖かく，南の方が寒い」が正しい。イ．東京の対せき点は「ウェリントン」ではなく，ブラジルの南方の海上にある。エ．「アルプス・ヒマラヤ造山帯」ではなく，環太平洋造山帯が正しい。

5．ヨーロッパ・アフリカ

□1問1答□

(1) フィヨルド　(2) バチカン市国　(3) 混合農業　(4) オリーブ　(5) ユーロポート　(6) 酸性雨　(7) イギリス　(8) サハラ砂漠　(9) サバナ気候　⑽ レアメタル（希少金属）　⑾ アパルトヘイト　⑿ フェアトレード

◇4択問題◇

(1) ア　(2) ウ　(3) エ　(4) ア　(5) ウ　(6) ア
(7) イ

■実戦問題■

1 (1) フィヨルド　(2) ア　(3) B・C　(4) エ
2 (1) ウ　(2) c　(3) レアメタル（または，希少金属）　(4) (経済) モノカルチャー経済　(理由) 特定の産物に頼っているため，天候や他国との関係の影響を受けやすいから。（同意可）

◇解説◇

1 (1) 氷河による浸食作用によって形成された海岸地形。グリーンランドや南米のチリでも見られる。

(2) ア．夏に乾季があることから地中海性気候に属するニース。イ．冬の気温が低いことから高緯度に位置するヘルシンキ。ウ．1年を通した気温，降水量の差が小さいことから西岸海洋性気候に属するプリマス。

(3) Aはゲルマン語系，B・Cはラテン語系，Dはスラブ語系。

2 (1) 赤道は，ギニア湾の沖などを通っている。アは北緯30度，イは北緯15度，エは南緯15度の緯線。

(2) アフリカ大陸の赤道付近は熱帯で，赤道から南と北に遠ざかるにつれて乾燥帯と温帯になる。また，アフリカ大陸には亜寒帯と寒帯はない。aはユーラシア大陸，bは北アメリカ大陸，dは南アメリカ大陸。

(3) 近年では鉱山から採掘するよりも，不要になった電子機器などから回収した方が効率的に集めることができるため，リサイクルがすすめられている。

□ 1問1答 □

(1) グレートプレーンズ　(2) イヌイット　(3) 適地適作　(4) リノハルト　(5) シェールガス　(6) 貿易摩擦　(7) ヒスパニック　(8) アマゾン川　(9) パンパ　(10) 露天掘り　(11) さとうきび　(12) ブラジル

◇ 4択問題 ◇

(1) イ　(2) ウ　(3) ア　(4) ウ　(5) エ

■ 実戦問題 ■

1 (1) ア　(2) ウ　(3) エ　(4) センターピボット

2 (1) ア　(2) ウ　(3) イ

▨ 解説 ▨

1 (1) Bがアパラチア山脈，Dがプレーリー。

(2) 海面上昇による浸水や停電などによるライフラインの破壊といった被害が生まれやすい。

(3) 「イヌイット」は北極海沿岸に居住するアジア系民族。ヒスパニックが正しい。

(4) 年間降水量の少ない地域で行われる灌漑農法。ロッキー山脈の雪どけ水などが利用されている。

2 (1) イは西経60度，ウは西経45度，エは西経30度の経線。

(2) ア．氷河の浸食による地形は「リアス海岸」ではなく，フィヨルド。イ．高くて険しい山脈が連なっているのは西部。アンデス山脈は環太平洋造山帯の一部を形成している。エ．「パンパ」ではなく，セルバが正しい。「パンパ」はアルゼンチン中部に広がる草原のこと。

(3) Aはコロンビア，Bはブラジル，Cはアルゼンチン。

7.　九州・中国・四国地方

□ 1問1答 □

(1) カルデラ　(2) 大陸棚　(3) 促成栽培　(4) シラス台地　(5) 北九州工業地帯（地域）　(6) 山口県　(7) 広島市　(8) コンビナート　(9) 瀬戸大橋　⑽ 吉野川　⑾ 日本海流（黒潮）　⑿ みかん

◇ 4択問題 ◇

(1) イ　(2) エ　(3) イ　(4) ア　(5) ア　(6) ウ

■ 実戦問題 ■

1 (1) イ・ウ　(2)① カ　② p. 鹿児島(県)・キ　q. 宮崎(県)・カ

2 (1) B・E・F　(2) C. エ　F. ウ　(3) a. 促成　b. ア

◇ 解説 ◇

1 (1) ア. 八丁原発電所は地熱発電所。エ. 九州南部のシラスの広がる土地は，やせていて水もちが悪いため稲作に適さず，畑作や畜産が盛ん。

(2)① X は「北海道」に着目し，肉用牛と判断する。Y と Z では飼育数が多い Z が肉用若鶏とわかる。② 九州地方では，南部の宮崎県と鹿児島県で畜産業が盛ん。特に鹿児島県ではブランド豚の「黒豚」の飼育頭数が多い。

2 (1) B の島根県（県庁所在地は松江市），E の香川県（県庁所在地は高松市），F の愛媛県（県庁所在地は松山市）を選ぶ。

(2) C の広島県は瀬戸内工業地域の中心県の１つで，広島市で自動車工業，福山市で鉄鋼業がさかん。よって，工業製造品出荷額が最も大きいエを選択。F の愛媛県は西部のリアス海岸での養殖業がさかん。よって，海面漁業・海面養殖業の産出額が最も大きいウを選択。アは D の山口県，イは E の香川県。

(3) a. 高知県では冬でも温暖な気候を利用して，ビニルハウスを使ったなす・ピーマン・きゅうりなど夏野菜の早づくりを行っている。b. 他の地域の出荷量が少なければ，希少価値は高まり，価格は高くなる。

8.　近畿・中部地方

□ 1問1答 □

(1) ［東経］135 度　(2) 神戸市　(3) 琵琶湖　(4) 近郊農業　(5) 京都府　(6) ベッドタウン　(7) 木曽山脈　(8) 長野県　(9) 豊田市　⑽ 山梨県　⑾ イタイイタイ病　⑿ リニア中央新幹線

◇ 4択問題 ◇

(1) ア　(2) ア　(3) ア　(4) エ　(5) ア　(6) エ　(7) イ

■ 実戦問題 ■

1 (1)① リアス海岸　② 対馬海流　③ イ　(2) d　(3) A. 堺　B. 工芸品

2 (1) 対馬　(2) ア

◇ 解説 ◇

1 (1)① 略地図に示された場所は，三重県の志摩半島。真珠の養殖が盛ん。③「吉野」は奈良県の地名。アは鹿児島の屋久島，ウは新潟県，エは秋田県のすぎ。

(2) d は京都府。資料1の「北西の季節風の影響で，冬には雪や雨が多く降る」という記述がヒント。

(3) 堺打刃物として，経済産業大臣より伝統的工芸品の指定を受けている。

2 (1) 日本海を南西から北東へと流れる暖流。

(2) B県は新潟県。スキー場，海水浴場がともに多いものを選ぶ。イは長野県，ウは静岡県，エは愛知県，オは富山県。

9. 関東・東北・北海道地方

□ 1問1答 □

(1) 東京都　(2) 関東内陸工業地域　(3) 成田国際空港　(4) 高冷地野菜（高原野菜）　(5) ヒートアイランド現象　(6) 秋田県　(7) りんご　(8) 南部鉄器　(9) 潮目　(10) 石狩平野　(11) 酪農　(12) アイヌ

◇ 4択問題 ◇

(1) エ　(2) イ　(3) ウ　(4) エ　(5) ウ　(6) エ　(7) ウ

■ 実戦問題 ■

1 (1) 関東　(2) ウ　(3) イ　(4) ウ　(5) ヒートアイランド(現象)　(6) F

2 (1) やませ，イ　(2) イ　(3) エ　(4) リアス海岸

3 (1) エ　(2) ウ

◇ 解説 ◇

1 (1) 利根川や荒川などの流域に形成された平野。

(3) 三浦半島は神奈川県に位置する。アは伊豆半島，ウは房総半島。

(4) 東京都の人口は日本の総人口約1億2600万人（2019年現在）の約1割を占める。

(5) 都心部では地面の多くがアスファルトにおおわれて熱をためこみやすいこと，自動車やエアコンの室外機からの排熱が多いこと，高層ビルが密集していて風通しが悪く熱がこもりやすいことなどが原因で起こる現象。

(6) Fの埼玉県の県庁所在地はさいたま市。

2 (1) やませとは，初夏に北日本の太平洋側に吹く，北東寄りの風。寒流の親潮の上を通るため，冷たく湿った風となる。

(2) Xは北緯40度の緯線で，秋田県の大潟村を通る。トルコのアンカラやアメリカ合衆国のカリフォルニア州なども通る。

(4) 出入りの多い複雑な海岸線は養殖漁業に適しており，三陸海岸ではカキやワカメなどがさかんに養殖されている。

3 (1) Ａあたりに石狩平野，Ｂあたりに十勝平野が広がっていること，中央付近には夕張山地と日高山脈がそびえていることを手がかりにするとよい。

(2) ア．空港・新幹線の駅がともにないのは奈良県。イ．空港は多いが新幹線の駅がないのは沖縄県。ウ．世界遺産として「知床」があり，空港も多く，「木古内」「新函館北斗」の2つの新幹線の駅があるのは北海道。エ．世界遺産がないのは神奈川県。